## Etude de M<sup>e</sup> GUINAT, Notaire à CAEN
### Place Saint-Sauveur, N° 20

# VENTE MOBILIÈRE

### après Décès et sans Attribution de Qualités

# D'OBJETS ANCIENS

## La Plupart de l'Epoque LOUIS XV
## LOUIS XVI et du Style le plus pur
## AU CHATEAU DE MESLAY

### A 8 Kilomètres d Harcourt (ligne de Caen à Flers)

## En MAI 1904 :

Les Dimanche 15, Lundi 16, Mardi 17, Mercredi 18, Dimanche 22, Lundi 23, Mardi 24, Mercredi 25, Dimanche 29, Lundi 30 et Mardi 31.

## En JUIN :

Les Dimanche 5, Lundi 6, Mardi 7, Dimanche 12, Lundi 13, Mardi 14 et Jours suivants s'il est nécessaire.

### EXPOSITION

On pourra visiter le mobilier le samedi 14 Mai, de 10 h. à Midi et de 2 à 6 h. et le matin de chaque journée de vente de 10 h. à midi.

M. LEROI, Expert, rue du Moulin, n° 7.

# ORDRE DE LA VENTE
## VOIR AU DOS DU CATALOGUE

# ORDRE DE LA VENTE

## OBJETS ANCIENS

### En MAI

Dimanche 15
Lundi 16
Mardi 17
Mercredi 18
Dimanche 22
Lundi 23
Mardi 24
Mercredi 25

Meubles — Lits — Sièges — Etoffes — Pendules et Bronzes — Tableaux, Gravures — Porcelaines et Faïences — Miniatures — Bibelots Divers — Bijoux et Armes.

Dimanche 29
Lundi 30
Mardi 31

Argenterie — Mobilier Moderne — Dentelles — Broderies et Châles.

### En JUIN

Dimanche 5
Lundi 6
Mardi 7

Bibliothèque — Mobilier Moderne — Lingerie.

Dimanche 12
Lundi 13
Mardi 14

Lingerie — Communs — Cuisine — Voitures — Caveau.

---

*La Vente commencera chaque jour à 2 heures TRÈS PRÉCISES*

---

S'adresser pour tous renseignements à M. LEROI, Expert, ou à Mᵉ GUINAT, Notaire.

# ORDRE DE LA VENTE

## OBJETS ANCIENS

### En MAI

Dimanche 15
Lundi 16
Mardi 17
Mercredi 18
Dimanche 22
Lundi 23
Mardi 24
Mercredi 25

Meubles — Lits — Sièges — Etoffes — Pendules et Bronzes — Tableaux, Gravures — Porcelaines et Faïences — Miniatures— Bibelots Divers— Bijoux et Armes.

Dimanche 29
Lundi 30
Mardi 31

Argenterie — Mobilier Moderne — Dentelles — Broderies et Châles.

### En JUIN

Dimanche 5
Lundi 6
Mardi 7

Bibliothèque — Mobilier Moderne Lingerie.

Dimanche 12
Lundi 13
Mardi 14

Lingerie — Communs — Cuisine — Voitures — Caveau.

*La Vente commencera chaque jour à 2 heures TRÈS PRÉCISES*

Le jour de l'Exposition et chaque Jour de la vente, des voitures partiront de la place St-Pierre pour le château. L'exposition permettant de juger les objets, il ne sera tenu compte d'aucune réclamation.

L'ordre des numéros ne sera pas suivi.

Etude de M<sup>e</sup> GUINAT, Notaire à CAEN
**Place Saint-Sauveur, N° 20**

# VENTE MOBILIÈRE

après Décès et sans Attribution de Qualités

# D'OBJETS ANCIENS

## La Plupart de l'Epoque LOUIS XV
## LOUIS XVI et du Style le plus pur

## AU CHATEAU DE MESLAY

A 8 Kilomètres d'Harcourt (ligne de Caen à Flers)

## En MAI 1904 :

Les Dimanche 15, Lundi 16, Mardi 17, Mercredi 18, Dimanche 22, Lundi 23, Mardi 24, Mercredi 25, Dimanche 29, Lundi 30 et Mardi 31.

## En JUIN :

Les Dimanche 5, Lundi 6, Mardi 7, Dimanche 12, Lundi 13, Mardi 14 et Jours suivants s'il est nécessaire.

## EXPOSITION

On pourra visiter le mobilier le samedi 14 Mai, de 10 h. à Midi et de 2 à 6 h. et le matin de chaque journée de vente de 10 h. à midi.

M. LEROI, Expert, rue du Moulin, n° 7.

# MEUBLES

Nᵒˢ 1  Grande Commode Louis XIV, marqueterie, garniture bronzes.
2  Commode Louis XV, laque de Chine, garnie bronze ciselé et doré.
3  Secrétaire Louis XVI, laque de Chine, à galerie.
4  Commode Louis XIII.
5  Commode Louis XV, à deux tiroirs.
6  Commode marqueterie, bois de couleurs, style Louis XVI.
7  Commode Louis XVI, pans arrondis, à 2 tiroirs et galerie cuivre.
8  Commode Louis XVI acajou.
9  6 autres commodes Louis XIII, Louis XV et Louis XVI.
10  Secrétaire marqueterie de couleurs Louis XVI.
11  Bureau cylindre acajou.
12  Bureau cylindre, garniture cuivres.
13  Bureau cylindre à galerie.
14  Table à jeu.
15  Table Louis XVI, longue, à galerie.
16  Table formant pupitre.
17  Table tric-trac.
18  Table à pans.
19  Table à bac.
20  Grande table bouillotte.
21  Table liseuse, à tiroirs.
22  2 petits guéridons.
23  1 guéridon, marbre blanc, galerie cuivre.
24  3 tables toilette.
25  Table ovale, marqueterie.
26  Table de nuit, cerclée de cuivre.
27  Table de nuit à coulisses.
28  Table de nuit bois de rose, à filets.
29  2 tables de nuit empire, appliques bronze doré.
30  Grand chiffonnier garni de cuivres.
31  Secrétaire acajou, filets de cuivres.
32  Grand lit Louis XVI, à baldaquin, bois sculpté.
33  Grand lit Louis XVI, à baldaquin, bois sculpté.
34  Grand lit avec fond sculpté.
35  Grand lit, garni broderies point de chaînette.
36  6 autres lits divers.
37  Lit de repos.
38  Lit de repos, bois sculpté.
39  2 encoignures, marqueterie.

N°⁵ 40   2 meubles d'entre-deux, bois noir, incrustations étain.
41   2 consoles en acajou, perles de cuivre et galerie.
42   Ecran Louis XVI bois sculpté.
43   Ecran acajou, cuivre perlé, feuille soie brodée.
44   Ecran acajou liseuse.

# ETOFFES

45   Tenture d'appartement en soie peinte, sujets chinois, composée de :
    3 panneaux 4ᵐ40 hauteur      1ᵐ60 largeur.
    1 panneau 3ᵐ10   »      5ᵐ60   »
    2 panneaux 3ᵐ10   »      2ᵐ40   »
    1 lé      4ᵐ10   »      0ᵐ80   »
46   Garniture de lit, toiles brodées, au point de chaînette, composée de rideaux, dessus de lit, lambrequins, morceaux divers.
47   Tenture de lit, soie Louis XVI fond bleu.
48   Panneaux, rideaux, damas vert.
49   Soieries diverses.

# SIÈGES

50   Canapé Louis XVI, bois sculpté.
51   1 bergère, 6 fauteuils bois sculpté, couverts tapisserie au point.
52   2 bergères, bois doré.
53   2 bergères, 6 fauteuils Louis XVI.
53 bis   Petit canapé Louis XVI.
54   10 fauteuils à médaillons.
55   2 bergères, 7 grands fauteuils, bois sculpté.
56   5 fauteuils à balustres.
57   6 fauteuils à dossier carré.
58   6 fauteuils à médaillons, bois sculpté.
58 bis   2 bergères          d°
59   6 chaises lyre.
60   4 chaises médaillons.
61   4 chaises dossier carré.
62   2 chaises Directoire.
63   4 chaises basses, en acajou
64   Fumeuse.
65   Bout de pied.
66   2 bergères couvertes broderies point de chaînette.
67   Banquettes Louis XVI.

# PENDULES, BRONZES

N°ˢ68   Grande pendule (la Liseuse) socle marbre garni de bronze doré.
69   Pendule, attributs, la Tragédie et la Comédie.
70   Pendule, sujets marbre blanc, socle avec frise en bronze doré.
71   Pendule colonnes marbre à guirlandes de fleurs en bronze doré.
72   Pendule colonnes marbre à guirlande.
73   Petite pendule style Louis XVI en bronze doré.
74   Petite pendule Directoire en bronze doré.
75   2 bustes en bronze.
76   Paire de vases garnis bronze.
77   Paire de grands candélabres, bronze patiné, Amour tenant des branches, fleurs de lys, bronze doré, socle en marbre, entourés de bronze, hauteur 0,95.
78   Paires de candélabres, formés par des vases en marbre, branches fleurs de lys.
79   Paire de petits candélabres, Amour tenant des branches de roses, socle en ~~porphyre violet.~~
80   Paire candélabres, vase bronze et fleurs de lys.
81   Paire de cassolettes ~~porphyre violet~~, garni de bronze ciselé et doré.
82   Flambeaux Louis XVI, marbre et bronze doré.
83   3 paires flambeaux Louis XVI, dorés.
84   Paire flambeaux Louis XV, argent.
85   Paire flambeaux Louis XVI, argent.
86   Paire flambeaux, bronze ciselé et doré.
87   Paire chenèts Louis XVI, urnes et guirlandes.
88   Paire chenèts à gaine et attributs.
89   Paire chenèts à balustres.
90   Paire chenèts à rinceaux.
91   Paire chenèts galerie à jour.
92   Paire chenèts draperies.

# BOITES, MINIATURES

93   Boite longue en écaille, garnie d'or ciselé.
94   Boite ronde cristal, garnie d'or ciselé.
95   Boite ronde écaille, cerclée d'or.
96   Boite ronde cristal, couvercle miniature.

Nᵒˢ 97  Boite ronde écaille, couvercle grisaille
    98  Boite ronde or ciselé, mosaïque.
    99  Tabatière, or gravé..
   100  Miniature ronde de femme Louis XV.
   101  Petite Miniature dans écrin Louis XV
   102  Miniature femme, cadre or.
   103  Miniature femme, cadre carré or.
   104  Miniature homme, cadre doré.
   105  Miniature homme, costume militaire.
   106  Miniature femme, Empire.
   107  2 Miniatures Louis XVIII.
   108  Gravures diverses.
   109  4 gravures anglaises de Kauffmann.

# PORTRAITS, TABLEAUX, DIVERS

   110  Portrait enfant au bain.
   111  Portrait enfant au perroquet.
   112  Portrait enfant au chasseur.
   113  Portrait enfant oiseau envolé
   114  Portrait femme, la Liseuse.
   115  2 portraits, copies de Largillière.
   116  Portrait femme Directoire.
   117  Portrait d'homme Directoire.
   118  Portrait femme au clavecin, signé Vincent 1793
   119  Portrait d'homme, signé Vincent.
   120  Portrait femme au clavecin.
   121  Portrait femme à l'éventail
   122  Portrait femme signé Bouchet, 1802.
   123  Portrait homme, signé Robert Lefèvre 1813.
   124  Portrait homme, signé Paulin Guérin 1823.
   125  Portrait d'homme Intendant général.
   126  2 petits portraits, copies des numéros 118 et 119.
   127  2 portraits enfants.
   128  2 petits tableaux sur bois.
   129  Tableau, paysage.
   130  2 tableaux personnages.
   131  Tableau, ruines.
   132  2 tableaux ruines.
   133  Tableau, paysage attribué à Claude Lorrain.
   134  Gouache de Taunay.
   135  2 Grandes gouaches, ruines.
   136  Gouache de Wagner 1765.
   137  2 aquarelles, Marines.
   138  Pastel, portrait enfant.

Nᵒˢ139  Dessin, portrait d'homme.
140  Christ ivoire, dans son cadre en bois sculpté et doré.
141  Icône.
142  Baromètre ovale, fleurs de lys.
143  Baromètre rond.
144  Surtout de table, Louis XVI en 4 pièces.
145  Petit pupitre, pied en bronze.

# PORCELAINES DE SÈVRES

146  16 assiettes, bordure or.
147  Paire salières doubles, décor bouquets.
148  Encrier, monture bronze.
149  Solitaire, fleurs camaïeu.
150  Tête à-tête, décor à nœuds et bouquets.
151  Cafetière fond bleu, médaillon avec oiseaux.
152  8 pots à crème décorés de fleurs et oiseaux.
153  14 petits pots à sorbets, bordure bleu et or, bouquets.
154  Ecuelle quadrillée or, fleurettes
155  Tasse couverte, fond d'or semé de roses.
156  Tasse couverte fond bleu médaillon paysage
157  2 tasses, semé de roses.
158  2 tasses, dessin camaïeu.
159  Tasse fond bleu turquoise, à décor de réserves roses.
160  Tasse fond gros bleu, médaillon paysage, oiseaux.
161  Tasse fond jaune, paysage.
162  Tasse fond d'or coquillé de bleu.
163  Tasse fond bleu quadrillé d'or.
164  Tasse oiseaux, paysage.
165  Tasse fond jaune, décor d'arbustes.
166  Tasse fond blanc et or, oiseaux.
167  Tasse fond violet à pois d'or.
168  Tasse fond blanc à fleurettes
169  Tasse fond blanc à fleurettes.
170  Tasse décor bleu et or.
171  Tasse décor bleu camaïeu.
172  Tasse bordures fleurs.
173  Tasse fleurs et nœuds.
174  Tasse guirlandes et fleurettes.
175  Tasse guirlandes d'or.
176  2 tasses, décor bleu et or.
177  Tasse, décor bleu camaïeu.
178  2 tasses, décor bleu et or.
179  Pot à lait, fond blanc, guirlandes.
180  Bourdaloue, décor bouquets

181 Bourdaloue, décor bouquets et rubans.
182 Lot de soucoupes.
183 2 groupes porcelaine tendre, monture bronze.

## SAXE

184 Plat rond, décors fleurs.
185 Plat rond, dessins Chinois.
186 Paire de vases fond jaune, Marines.
187 2 tasses fleurs.

## PORCELAINES DE PARIS

188 Paire cache pots.
189 Aiguière et son plateau.
190 Tète-à tète, décor personnages.
191 Ecuelle et son plateau.
192 Lot de divers.
193 Tasses.
194 Veilleuse.
195 2 petites casseroles couvertes.
196 Jardinières carrées.
197 Jardinières rondes.
198 Jardinières petites carrées
199 Encrier.
200 Grande Jatte.
201 2 légumiers.
202 2 beurriers.
203 Saucière.
204 4 compotiers.
205 75 assiettes
206 Compotier.

## DIVERS, BISCUITS

207 Crémier Berlin.
208 2 plateaux Sèvres blanc.
209 14 assiettes Chine.
210 Compotier Rouen.
211 Vase de jardin Nevers.
212 Pièces Barbau.
213 Statuette marbre.
214 Bustes plâtre.

Nᵒˢ215  Biscuit l'Hymen.
216  Biscuit Amour.
217  Biscuits, la Musique.
218  Biscuit Amours.
219  2 petites statuettes.
220  Vase Jade.

# BOITES, BIBELOTS, DIVERS

221  Nécessaire de voyage, garniture argent gravé.
222  Nécessaire à ouvrage garniture or de couleur ciselé.
223  Nécessaire de bureau garniture nacre et or.
224  2 étuis galuchat.
225  Couteau monté en or ciselé.
226  Dé or.
227  Petite lorgnette garnie de turquoises.
228  Cassolette Agathe, monture argent.
229  Boussole argent, étui galuchat.
230  Eventail nacre.
231  Eventail ivoire.
232  Eventails divers.

# BIJOUX

233  Montre et Châtelaine Louis XVI, plaques émaillées.
234  Montre émail bleu.
235  Montres en or diverses.
236  Deux Cachets or ciselé.
237  Grande Chaîne d'or filigrané.
238  2 Bracelets, chaînettes et plaques entourées perles fines
239  Bracelet or de couleur ciselé, perles fines.
240  2 bracelets rubans, fermoir or de couleur ciselé.
241  Bracelet or émaillé, motif roses et perles.
242  Bracelet or émaillé motif opale et roses.
243  Bracelet or gravé, pérido et perles.
244  Deux broches or et améthystes.
245  Broche, opale.
246  Broche chiffre brillants.
247  Croix roses.
248  Collier pierres vertes.
249  Grosse bague émeraude et diamants.
250  Bague rubis et perles.
251  Bague améthyste.
252  Bague à médaillon.
253  Bagues diverses.

254 Plaque Marcassites.
255 Boite de boutons, stras et émail, 24 grands, 12 petits
256 Paire de boucles à pierre.
257 Paire de boucles argent.

# DENTELLES

258 Volants application d'Angleterre
259 Petits volants application d'Angleterre.
260 Deux Cols Venise.
261 1 m. 40 Venise.
262 Barbe Venise
263 Fond de bonnet et barbe Angleterre
264 Dentelle d'Angleterre.
265 Lot de diverses dentelles Angleterre.
266 1 m. 55 dentelle Argentan
267 2 bouts dentelle Argentan.
268 1 m. 35 dentelle Argentan.
269 Plusieurs bouts dentelle Argentan
270 Bonnet dentelle Alençon.
271 2 m. 75 dentelle Alençon.
272 Barbe dentelle Valenciennes.
273 1 m. 45 haute Valenciennes.
274 4 m 10 haute Valenciennes.
275 3 m 20 petite Valenciennes.
276 Lots de dentelles diverses.
277 Lots de broderies cols, pèlerines, mouchoirs, etc.

# ARGENTERIE

278 4 Légumiers.
279 12 Plats ronds, 4 longs.
280 Ecuelle.
281 Saucière
282 Huilier à guirlandes.
283 Huilier à colonnes
284 Pot à eau
285 2 Moutardiers.
286 4 Salières Louis XVI
287 4 Salières Empire.
288 2 Chocolatières Louis XVI.
289 4 Cafetières
290 Théière.
291 Pot à crème
292 2 Déjeuners.
293 Couvert de voyage

N°294 Coquetier vermeil.
4 Louches.
9 Cuillères à potage.
2 Truelles.
12 Fourchettes à huitres.
6 douzaines grands couverts.
12 Couverts à dessert, vermeil.
26 Couverts à dessert, argent.
68 Cuillères à café.
6 Cuillères à sucre.
15 Couteaux lame argent, manche bois de rose.
36 Couteaux, lame argent, manche ébène.
20 Couteaux, lame argent doré, manche nacre.
Plats, légumiers, saucières et quantité d'objets en plaqué.

## ARMES

3 Sabres.
2 Epées, poignées argent.
3 Epées, poignées acier.
1 Epée, poignée nacre et bronze ciselé.
Paire de pistolets.

## CHAPELLE

Ornements d'église, chandeliers, suspensions, vases à fleurs,
chaises, Prie-Dieu.

## BIBLIOTHÈQUE

Environ 2,000 volumes reliés et brochés. Littérature. Mémoires,
Voyages, Histoires, Romans, etc.

# MOBILIER MODERNE

# VOITURES

# SERRE

# CAVEAU

www.ingramcontent.com/pod-product-compliance
Lightning Source LLC
LaVergne TN
LVHW020858200726
843508LV00003B/1228